Theo von Taane

„Heiße Zungenspiele"

Das dominante Witzebuch

Bibliografische   Information   der   Deutschen
Nationalbibliothek:
Die   Deutsche   Nationalbibliothek   verzeichnet   diese
Publikation   in   der   Deutschen   Nationalbibliografie;
detaillierte bibliografische
Daten sind im Internet über http://dnb.dnb.de abrufbar.

© 2016   Theo von Taane; 2. Auflage

Herstellung und Verlag: BoD –   Books on Demand,
Norderstedt

ISBN: 9783739210735

Inhaltsangabe:

1. Kapitel

Ehefrauen heute: „Weck mich wenn du fertig bist!"

Ehemann beim Psychologen:

„Ich verstecke ihr ‚FSoG' Buch, aber sie kauft immer wieder ein Neues..."

–

Nachdem meine Frau mit dem Lesen von 'FSoG' fertig war, sagte sie die Nacht darauf zu mir:

„Fessle mich ans Bett und tue etwas was du normalerweise nicht tun würdest!". Ich schaute auf ihren nackten Körper, festgebunden ans

Bett und wusste sofort was ich tun werde…

Ich rasierte ihr die verdammten Beine.

—

Nach dem Lesen von FSoG denkt meine Frau, es sei unheimlich verführerisch mir zuzuzwinkern während sie sich auf ihre Lippen beißt.

Ich genieße das zu sehr, als ihr zu sagen, dass es die Unterlippe sein sollte.

—

Habe gerade herausgefunden, dass meine Frau gerade ein Buch über unserer Flitterwochen schreibt. Sie hat es ‚50 Shades of Just O.K.‘ genannt.

—

Die Version meiner Frau von FSoG ist mir zuzusehen, wie ich die Toilette sauber mache.

—

„Ja, Schatz. Die Krawatte, die du zu deinem Geburtstag bekommen hast, sieht genauso aus wie von dem Buchcover von FSoG.

Hahahah, was für ein Zufall!"

—

Seit meine Frau 'FSoG' gelesen hat wurde meine Frau viel aktiver im Schlafzimmer.

Zum Beispiel letzte Nacht als wir Sex hatten, schien sie sich etwas bewegt zu haben dabei.

-

Fifty Shades of Obey

(Eheberatungsbuch zum Glücklichsein)

-

Nach dem Lesen von 'FSoG' bat mich meine Frau sie ganz fest ans Bett zu binden.

„Und jetzt?" fragte ich.

„Verletze mich!"

„Ok. Du hast Hängetitten und dicke Knöchel."

—

Ironischerweise ist die einzige Art, wie mich meine Frau dazu bringen kann 'FSoG' zu sehen, mich an einen Stuhl festzubinden, und mich auf diese Weise dazu zu zwingen.

—

Nachdem meine Frau mit dem Lesen von 'FSoG' fertig war, fragte sie, ob ich sie so behandeln kann wie Anastasia. So habe ich ihre Familie durch die Bolshevik Geheimpolizei ermorden lassen und sie an einen russischen Schweinezüchter verkauft.

—

Ich erzählte meinem Kumpel, dass ich meine Frau fesseln, und dann nehmen musste.

„Hatte sie ‚FSoG‘ gelesen?" fragte er.

"Nein," antwortet ich, "sie hatte vergessen, mir ein Bier zu bringen als ich von der Arbeit nach Hause kam."

-

Der Werbung nach zu urteilen, ist der neue Kindle paper white leicht genug, um ihn mit einer Hand zu halten.

Also kaufte ich ihn für meine Frau mit einer schon aufgespielten Ausgabe von FSoG.

-

Das Fußballspiel heute wurde abgesagt, da es nebelig-feucht ist und das Spielfeld völlig durchnässt.

Klingt wie meine Frau nach dem Lesen von FSoG.

–

Dank 'FSoG' riecht der Kindle meiner Frau wie Fifty Dosen Thunfisch.

–

Ich liebe einfach das 'FSoG' Buch.

Seit meine Frau angefangen hat es zu lesen, hat sie nicht gemerkt, dass ich schon seit 7 Tagen nicht aus der Bar zurückgekommen bin…

–

"Ich habe meine Frau wegen 'FSoG' verloren" sagte ich.

"Warum?" fragte mich mein Kumpel. „Hast du sie nicht mehr befriedigen können?"

„Nein, das war es nicht." antwortete ich. „Sie hörte nicht auf von diesem Buch zu reden, so habe ich sie mit der Hardcover Version krankenhausreif geprügelt." Darauf wieder der andere:

„Ach, 'FSoG' gibt es jetzt auch in der Hardcover Variante?"

-

Mein Sexleben ist genauso wie dieses Buch FSoG.

Fiktion.

–

Der Ehemann zur seiner Frau:
„Warum liest du das Buch von FSoG, wenn du dir den Film anschauen kannst?" Antwortet die Frau:

„Warum atmen wir Luft, wenn wir doch irgendwann mal sterben müssen?"

–

Nur weil du einen Schwung 'FSoG' Bücher von deinem Mann zum Geburtstag geschenkt bekommen hast, muss das ja nicht zwangsläufig bedeuten, dass es eine Unzufriedenheit mit deinem Sexleben gibt.

2. Kapitel

Nach dem Sex:

1. Zigarette rauchen

2. Browserverlauf löschen

Ich habe die 'FSoG' Hotline angerufen, um Hilfe in einer peinlichen Situation zu erhalten.

„Wenn etwas in ihrem Hintern steckt, dann drücken sie bitte die 1."

–

Wenn ich etwas von 'FSoG' gelernt habe, dann dass Frauen immer noch nicht kapiert haben, dass man Pornos umsonst im Internet sehen kann.

–

Jeder hat zu mir gesagt: „Du musst unbedingt 'FSoG' lesen!"

Aber ich antworte darauf immer:

„Nicht bevor es die Version als Bildergeschichte gibt."

–

Meine Frau erwischte mich, wie ich Pornos geschaut habe und schrie mich deshalb an.

Ich sagte ihr: „Du liest diese 'FSoG' Bücher. Das ist genauso wie Pornos schauen."

Sie antwortete: „Nein, das Buch hat eine Handlung."

„Ja schon, aber diese vollbusige Milf kann es sich nicht leisten, den Klempner zu bezahlen."

-

Ich habe nach 'FSoG' gegoogelt, um herauszufinden worin der Hype hierin liegt.

Alles was ich gefunden habe, waren 100.000 Resultate für Pornos. Denke die Nacht wird lang werden...

-

Weshalb spielen alle Frauen so verrückt, wenn es 'FSoG' geht? Na ja, da ist es viel einfacher, ein Mann zu sein. Ich logge mich einfach in meinen Porno Kanal ein und nach 30 Sekunden... wieder zurück zur Spielkonsole!

-

Habe gerade 'FSoG' gesehen.

Ist wie ein Porno, aber ohne Porno.

-

FSoG ist ein Film der in den ersten 10 Minuten aus der Art von Handlung besteht, wo man bei einem Pornofilm immer schnell vorspult.

-

Erkenntnis des Ehemanns, der heimlich einen Blick in 'FSoG' geworfen hat:

„Das hat nichts mit der Farbe Grau zu tun. Das ist Porno!"

-

Meine Mutter hinterließ mir eine Nachricht, in welcher sie mir mitteilte, dass die ‚Action' in 'FSoG' ‚etwas für Anfänger' ist. Ich konnte die Nachricht leider nicht schnell genug löschen…

-

"Hey Schatz, was du und ich jetzt machen werden, lässt 'FSoG' wie einen Disneyfilm aussehen."

-

Pornoseiten im Internet haben eine neue Sexkategorie eingeführt, um dem wachsenden Interesse an der Defloration gerecht zu werden, die Überschrift hierfür lautet:

Fifty Shades of Red

–

„Und, hast du schon 'FSoG' gesehen?"
Antwortet der andere:

„Ich? Nein, wenn ich Pornos schauen
möchte, dann schaue ich auch Pornos."

–

Ich dachte du sagtest 'FSoG' wäre
pornographisch? Das Buch ist nur
gefüllt mit Worten und Sätzen....Wo
sind bitte die Bilder???

–

Es gibt nur 20 Min Sex in dem 100
Minuten Film FSoG oder wie ich das
nenne:

‚80 Minuten schnelles Vorspulen'.

–

Meine Zunge ging rein und raus, rein und raus, schneller und schneller bis sie nicht mehr konnte.

Keine Frau kann meinem Eidechsen-Schauspiel wiederstehen.

3. Kapitel

Im Kino: Hilfe, Filmriss unter der Gürtellinie!

So, 'FSoG' wird verfilmt?! Also ich würde es ja hassen, wenn ich der Typ im Kino wäre, der nach jeder Vorstellung den Kino-Flur aufwischen muss.

–

An dem Tag, an welchen 'FSoG' in die Kinos kam, war ich an der Kasse von einem Baumarkt.

Die Kassiererin dreht sich zu mir um, schaute auf das Gewebeband und das Seil, welches ich kaufen wollte und sagte lächelnd:

„Ich weiß, welchen Film sie heute gesehen haben." Ich antwortete:

„Oh, ist das so offensichtlich, dass ich heute Taken gesehen habe?"

–

Am Valentinstag bin ich mit meiner Frau ins Kino gegangen. Wir haben uns 'FSoG' angesehen. Als wir wieder zuhause waren, habe ich sie gefesselt, die Augen verbunden, Sahne auf ihre Muschi getan und die Katze zwischen ihre Beine platziert. Dann bin ich runter in die Bar gegangen.

-

Meine Freundin hat sich 'FSoG' kürzlich im Kino angeschaut und mir dann erzählt, dass sie devot sei. Wir haben beide darüber gelacht, und dann habe ich sie zurück in ihren Käfig gesteckt.

-

Habe gerade 'FSoG' im Kino gesehen und ich glaube, dass ich eine wirklich wichtige Lektion dabei gelernt habe, welche wohl jeder sinnvoll findet.

Es ist nicht erlaubt, im Kino zu masturbieren.

\-

In dem Kinofilm sieht man nicht eine Szene, wo das beste Stück von Grey zu sehen ist. Das ist genauso wie ein Fast and Furious Film ohne Autos.

\-

Hab mir den 'FSoG' Kinofilm angeschaut. Es sind 90 Minuten, in denen ein Halbnackter nach einem winzigen Handschellenschlüssel sucht.

\-

Das Beste am Kinofilm von 'FSoG' war, als jemand im hinteren Teil des Kinos genau in dem Moment eine leere Flasche umstieß, als der Saal ganz still geworden war.

\-

Eine Frau wurde jetzt festgenommen, weil sie während der Kinovorstellung von 'FSoG' masturbiert hatte. Was aber sicher besser ist, als wenn sie dies bei einem Spongebob Kinofilm getan hätte.

\-

Viele Zuschauer bemängeln, dass die Kinoversion von 'FSoG' vom Buch abweicht und zwar umfasst die Kinofassung nur 40 und nicht alle 50 der Grauschattierungen.

\-

FSoG, der Film?

Klingt wie ein Pornovideo in einem Altersheim.

–

Am Ende von jedem FSoG Kinofilm bemerke ich eine ungewöhnliche Anzahl von leeren Popcorn Boxen mit Löchern an der Unterseite.

–

Mein Kinofilm würde lauten: ‚FSoG Bodies: Ein sexy Zombie Abenteuer‚

–

„Tut mir leid. Ich kann mit dir nicht ins Kino gehen, um 'FSoG' zu sehen, ich bin heute den ganzen Tag zu sehr gebunden.“

\-

Ich wurde aus dem Kino geworfen, weil ich mitten im Film:

„Feuer im Loch!!!" geschrien hatte.

\-

Fragt ein Kumpel den anderen:

FSoG spielte über $90 Mio am ersten Wochenende ein. Obwohl das Reinigungspersonal der Kinos aus anderen Gründen von einem Erfolg erzählen konnte.

\-

Muss mich noch entscheiden, welchen Trenchcoat ich tragen werde, wenn ich mir 'FSoG' im Kino anschauen gehe.

\-

FSoG ist der erfolgreichste Fiction Film seit den Star Wars Prequels.

\-

Er scheint mittlerweile wieder ok zu sein. Aber während der Kino-Vorstellung von 'FSoG' wurde ein Mann von drei brutalen Frauen angegriffen. Die Polizei führte die drei Frauen dann in Handschellen ab Ihr Plan hatte also perfekt funktioniert!

\-

Eltern haben sich beschwert, dass in einem Autokino 'FSoG' auf einem riesigen Bildschirm gezeigt wurde und zwar gleich neben ‚Sponge Bob der

Film'. Sie haben gemerkt, irgendetwas läuft falsch, als die Kinder anfingen zu fragen:

"Was hat eigentlich die Frau mit dem Tentakel von Thaddäuss gemacht?"

–

Der Kinostart des neuen 'FSoG' Films wird auf das kommende Jahr verschoben. Für Fans der Reihe ist das ganz süßes, süßes Leiden.

4. Kapitel

SM – im Fokus: „Du bist ein böser Junge! Sofort auf mein Zimmer!"

Sie kam in das Schlafzimmer und erwischte mich wie ich gerade ihr Buch ‚FSoG' durchblätterte. Sie sagte:

„Ich nehme an, dass du mich jetzt fesseln willst? fesseln willst?

„Ja" antwortete ich.

Gut. Dann mach es sofort und fest bitte. In meinem Nachttisch findest du noch einen Ballknebel, Nippelklemmen und einen Vibrator. Wende alles bei mir an! Und du brauchst dich nicht zu beeilen. Mein Mann wird nicht vor drei Stunden zu Hause sein."

Also ich finde dass das Buch definitiv das Leben von Einbrechern vereinfacht hat.

–

Meine Frau sagte: „Können wir ein bisschen pervers werden und einen Vertrag vereinbaren so wie in FSoG, dass du alles, was du mit mir machen willst, auch machen darfst?

Daraufhin reichte ich ihr unser Ehezertifikat und antwortete freundlich:

„Du hast doch bereits vor 3 Jahren unterschrieben."

–

„Härter!" schrie sie, „Härter!"

„Na gut," sagte er „Was ist die Querwurzel von 9 hoch 17 geteilt durch 8,1 ?"

–

„Verletze mich!" bettelte sie, sich erwartungsvoll über den Esstisch beugend. „Ok," antwortete ich. „Dein Hühnchen ist zu trocken und der Rotkohl total überkocht."

–

„Na Sohn, hast du irgendwelche Fragen bzgl. FSoG?"

„Ja. Wenn ein Mann eine Frau liebt, dann baut er ihr einen Dungeon fürs Spanking und Erniedrigen, Dad?"

–

Der Weihnachtsmann im Gespräch mit einer Frau die 'FSoG' gelesen hatte.

„Also, das ist das erste Mal, dass ich von einer Beschenkten darum gebeten werde, meine Rute rauszuholen, um sie extra zu bestrafen."

–

Ich bin ein hoffnungsloser Romantiker mit schmutzigen Gedanken.

–

Sexberatung für Paare mit FSoG. Der Mann zu seiner Frau:

„Schau mal auf Seite 145, wollen wir das heute Nacht ausprobieren?"

–

Mann zu einer Frau die 'FSoG' liest:

„Oh, ich sehe sie lesen gerade FSoG. Wissen sie, mir sind perverse Sachen nicht fremd, d.h. mir macht es nichts aus, wenn sie mich hart rannehmen möchten."

—

Wenn du wirklich BDSM magst, dann wirst du deinen Lover mit Handschellen ans Bett gefesselt zurücklassen, während du ins Kino gehst, um dir 'FSoG' anzuschauen.

—

„Bist du bereit, in einer Weise zu leiden, wie nur eine Frau einen Mann leiden lassen kann?" fragte sie.

Ich nickte nervös.

„Ok." sagte sie und aß die Hälfte meiner Chips auf.

—

„Ich bin deine Sklavin," sagte sie atemlos, „Lass mich fühlen, dass ich völlig hilflos und wertlos bin". Da habe ich sie in den Schrank eingeschlossen und bin in die Bar gegangen.

—

Als wir im Restaurant saßen, stupste sie mich leicht an und sagte: „Ich möchte sehen, wie hart du bist."

„Ok", sagte ich und schlug den Kellner nieder.

5. Kapitel

James: „Sex ohne mich ist möglich, aber sinnlos!"

Ein typisches Gebet eines Mannes dessen Frau 'FSoG' gelesen hat:

….und danken möchte ich auch noch James für das kreatives Schreibtalent. AMEN!"

–

James ist die bestbezahlte Autorin der Welt.

Als J.K. Rowling dies hörte, hat sie ein weiteres Buch angekündigt:
„Harry Potter & das Schlafzimmer des Schmerzes."

—

Das Manuskript für den nächsten 'FSoG' Roman wurde gestohlen. James war entsetzt, sie sagte: „Ich hatte das ganze Wochenende daran geschrieben!"

—

Der nächste 'FSoG' Roman wird vom James Ehemann geschrieben. Sie würde ja selbst gerne schreiben, ist aber die ganze Zeit gefesselt.

6. Kapitel

Mr. G.: „Entschuldigung, aber wir müssen dringend miteinander schlafen!"

Grey als Nachname ist auch ein passender Name für die am langweiligsten Farbe, die man sich vorstellen kann.

–

Christian G. nahm dieses längliche, schwarze gekrümmte Ding in seine Hand und starrte mir zwischen die Beine.

Es war eine Banane.

–

Die Werbung suggerierte einem: ‚Treffe einsame Christen (Christians)'. Ich dachte, dass diese Männer wie Christian G. wären. Mein Gott lag ich falsch damit!

—

Beim Jogging, eine Frau zur anderen:

Ich trainiere sehr hart in der Hoffnung, dass ich eines Tages gut genug vorbereitet bin, um Christian G.'s ‚red room of pain' durchzuhalten.

—

In nur neun Monaten wurden wir Zeuge einer Bevölkerungsexplosion. Auch bekannt als „SoG"-Babies.

—

Ich kenne 'ne Menge Typen, die wie Christian G. sind, allerdings ohne das viele Geld und das gute Aussehen. Außerdem sitzen sie im Knast.

–

Christian G. drückte seine Hand auf meinen Intimbereich und sagte:

„Magst du das, du Frau?"

–

„Erschrecke ich dich?"

Fragte Christian G., als er seine Augenbrauen mit seiner Zunge beleckte.

–

Frage: Was sagte Christian G. zu mir, als er mich ganz freundlich an eine Parkuhr kettete?

Antwort: „Tschüss."

–

Das Greyische Symptom:

Die Unfähigkeit eine Show, eine Fernsehsendung, ein Kinofilm oder auch nur eine Werbung anzusehen, ohne dabei zu denken:

„Es könnte Christian G. sein. Nein, der da... warte, der daneben?!"

–

„Psst, sag jetzt kein Wort...in meinen Gedanken versuche ich mir gerade vorzustellen, du wärst Christian G."

—

Als ich erwachte, hatte es Christian G. irgendwie geschafft, mir eine ganze Orange in meinen Mund zu packen.

—

„Danke Mr. Grey, jetzt werde ich ein Klavier niemals wieder wie früher betrachten können oder ein Fahrstuhl, ein Boot oder ein Auto, noch nicht einmal einen Haarschnitt."

—

„Nein Christian G. ist absolut real, weil ich ihn liebe. Du willst mir das doch nicht kaputt machen?"

—

„Du hast recht, ich hätte nicht sagen sollen ‚Ich wünschte du wärst mehr wie Christian G.' Tatsächlich solltest du mich fesseln und mir ein ordentliches spanking geben..."

–

„Ruhe bewahren und Mr. G. gehorchen!"

–

„Hallo Mr. G., sie sind verantwortlich für alle meine Orgasmen, seit ich sie das erste Mal gesehen habe. Ich würde mich glücklich schätzen, wenn ich mich entsprechend bei ihnen revanchieren könnte."

–

Es könnte ein wirklich peinlich-unangenehmer Moment für dich werden, wenn du dir auf die Lippe beißt, nur in der Hoffnung dein Freund würde dadurch in den Christian G. Modus wechseln.

-

„Ich verbringe den ganzen Tag damit, mir auf meine Unterlippe zu beißen, in der Hoffnung, dass ein grüblerischer, hübscher Milliardär davon Notiz nimmt."

-

„Als ich anfing, obszöne Dinge zu meinem Computer zu schreien und ich mich hysterisch über die unmöglichen Kandidaten für das casting der Rolle des Christian G. aufgeregt hatte, wurde mir klar, dass ich möglicherweise zu viel Emotionen in das Thema gelegt habe. Oh ja!"

–

Dann legten sie mir Handschellen an und sagten, dass alles, was ich sage, gegen mich verwendet werden könnte! So sagte ich „Christian G.!!!"

–

Mein neuer Plan ist es, in jedes Büro eines CEO zu stolpern bis ich Christian G. gefunden habe.

–

Und da ist noch dieser furchtbare Moment, wenn du morgens aufwachst und du dich nicht im Bett von Christian G. in Escala befindest.

–

Frage: Welches ist der Moment, in welchem die Leserinnen von 'FSoG' weinend zusammenbrechen?

Antwort: In dem Moment, wo der Psychologe ihr mitteilt, dass Christian G. in Wirklichkeit nicht existiert.

7. Kapitel

Klein bisschen pervers: „Dachte, mit dir wäre es schlimmer!"

FSoG wurde in Indonesien verbannt.

„Wir können diese Verdorbenheit nicht billigen." sagte Bintan Hartay in Begleitung seiner 9 Jahre alten Frau.

—

Der Verkauf von Seilen stieg um 10%, nachdem das Buch 'FSoG' erschien.

Ja, macht Sinn. Ich wollte mich auch erhängen, nachdem ich dieses abartige Buch gelesen hatte.

—

Das Lesen von 'FSoG' in der Öffentlichkeit ist wirklich peinlich.

Ich habe mich so geschämt, dass ich es in einem Einband von ‚Bob der Baumeister' versteckt habe.

–

Ein Kumpel zum anderen:

„Ich habe wirklich ein komisches Gefühl wegen dieses FSoG-Phänomens. Das Haus ist total unaufgeräumt, aber ich mag diese perverse Rumbumserei."

–

Glückwünsche zum Geburtstag für die beste Freundin:

„Möge dein Geburtstagssex zweimal so heiß und halb so schmerzvoll sein, wie der Sex in FSoG."

-

Kritiker sagen 'FSoG' glamorisiere die Gewalt gegen Frauen. Da stimme ich zu. Es ist extrem schmerzhaft für jemanden, sich durch dieses Buch der Perversionen zu lesen.

-

Verzweifelt riss ich ihr Kleid runter, BH und Tanga. Mein Herz raste, aber ich hatte es noch rechtzeitig geschafft, den Garderobenschrank zu schließen, bevor sie nach Hause kam.

8. Kapitel

Befriedigend: „Ich mach es mir jetzt doch besser selbst!"

Also eigentlich bin ich neidisch auf alle diese Frauen, die 'FSoG' lesen.

Ich wette, bei denen poppen nicht mitten beim Masturbieren irgendwelche Werbungen hoch.

–

Es ist schon erstaunlich, wie viele Frauen über ihre Freunde stöhnen, weil diese so lange am Computer sitzen.

Dabei ist es nicht so lange her, das genau diese Frauen ihre Perle monatelang zu 'FSoG' poliert hatten.

\-

"Ich geh dann ins Bett und lese noch etwas FSoG."

Das ist die Art wie Frauen sagen: „Stör mich nicht, ich geh mich jetzt befingern."

\-

Wahrscheinlich ist 'FSoG' das erste Buch, bei dem man nicht die Finger belecken muss, um die Seite umzudrehen.

9. Kapitel

Das Letzte: „Lakritze oder Lack-Ritze?"

Frage: Wie lautet der Mittelname von Gandalf aus Herr der Ringe?

Antwort: ‚Fifty shades of'

–

Also mal ehrlich Ladies, was ist so toll hieran?

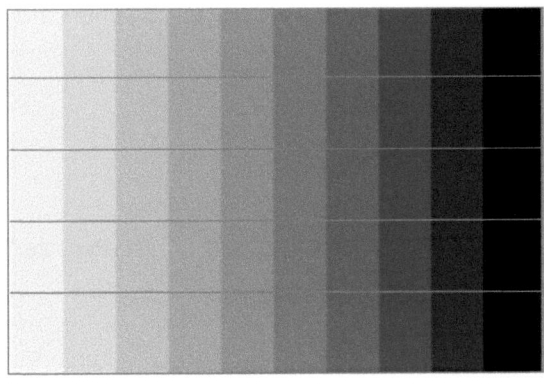

–

Ich habe einen neuen Buchtauschclub gestartet.

Ich und meine Kumpels schlichen in ein Nonnenkloster und tauschten die Bibel gegen 'FSoG' aus.

–

Ich genieße es, zu Frauen hinzugehen die gerade 'FSoG' lesen, nur um sie zu fragen, ob sie schon an der Stelle sind, wo der Mann stirbt!

–

Weißer Riese und schwarzer Kraftprotz im Rausch der FSoG!

–

Habe heute Hausverbot im Einkaufszentrum bekommen, weil ich die Schilder ‚Vorsicht nasser Flur' vor das Regal mit den 'FSoG' Büchern gestellt habe.

Aber das war es wert. Die verärgerten Blicke der Damenwelt waren einfach unbezahlbar.

–

Es gibt ein neues Buch mit den *Do's* und *Do not's* bzgl. Analsex.

Der Titel lautet:

Fifty Shades of Red

-

Ein Hotel in England hat in jedem Raum ein Exemplar von 'FSoG' platziert. Aber kein Grund sich unbedingt darüber zu freuen, denn 'FSoG' ist der Name eines britischen Kochbuchs.

-

Der Bestseller 'FSoG' wurde aus vielen Bibliotheken in Ostdeutschland verbannt. Ist das keine schockierende Nachricht? Die haben Büchereien in Ostdeutschland.

–

Gute Neuigkeiten für alle deren Frauen 'FSoG' gelesen haben.

Es ist jetzt nicht mehr notwendig dass du deinen Browserverlauf löschst.

–

FSoG – Jugendfreie Ausgabe.

Kapitel 1.

"Hallo", sagte sie und starrte ihn verführerisch an.

- Ende –

–

Ich muss zugeben, ich habe das ‚Twilight' und 'FSoG' Buch parallel gelesen. Beide Bücher sind der Horror, aber aus unterschiedlichen Gründen.

Ende

Weitere Bücher von Theo von Taane:

o   Minecraft Notizbuch
ISBN: 9783738628852

o   Das ‚Er ist (schon) wieder da' Witzebuch
ISBN: 9783734798887

o   Happy - Wünsch dir was!
ISBN: 9783734728570

o   Tennis Witze Knallbonbons
ISBN: 9783732296490

o   Tennis - ewiger Kalender
ISBN: 9783734741289

o   Witze rund um Volleyball
ISBN: 9783734731801

o   Witze rund um Basketball
ISBN: 9783734703824

o   Witze rund ums Schwimmen
ISBN: 9783734734460

o   Witze rund um Schach
ISBN: 9783734731658

o   Witze rund um Tischtennis
ISBN: 9783734731648

o   Witze rund um Eishockey
ISBN: 9783734730716

o   Witze rund um Handball
ISBN: 9783734731690

o   Witze rund um Karate
ISBN: 9783734731666

o   Witze rund um Judo
ISBN: 9783734731674

o   Witze rund um Golf
ISBN: 9783734731704

- o   Witze rund um Fußball
  ISBN: 9783734731712
- o   „Je öfter man drückt, desto schneller kommt der Fahrstuhl!"
  ISBN: 9783735785794
- o   Basketball Notiz- und Taktikblock
  ISBN: 9783734748110
- o   Eishockey Notiz- und Taktikblock
  ISBN: 9783734748387
- o   Feldhockey Notiz- und Taktikblock
  ISBN: 9783734748844
- o   Fußball Notiz- und Taktikblock
  ISBN: 9783734748851
- o   Futsal Notiz- und Taktikblock
  ISBN: 9783734748868
- o   Handball Notiz- und Taktikblock
  ISBN: 9783734748875
- o   Lacrosse Damen Notiz- und Taktikblock
  ISBN: 9783734748882
- o   Lacrosse Herren Notiz- und Taktikblock
  ISBN: 9783734748905
- o   Korbball Notiz- und Taktikblock
  ISBN: 9783734748936
- o   Schach Notiz- und Taktikblock
  ISBN: 9783734748950
- o   Squash Notiz- und Taktikblock
  ISBN: 9783734748974
- o   Tennis Notiz- und Taktikblock
  ISBN: 9783734746406
- o   Tischtennis Notiz- und Taktikblock
  ISBN: 9783734748967
- o   Volleyball Notiz- und Taktikblock
  ISBN: 9783734748981

Motiv Notizbücher von Theo von Taane:

Titel	ISBN
Weltbeste Tennisspielerin	9783738610055
Weltbester Angler	9783738610062
Weltbester Bauarbeiter	9783738610079
Weltbester Eishockeyspieler	9783738610086
Weltbester Gärtner	9783738610093
Weltbester Golfer	9783738610109
Weltbester Jäger	9783738610116
Weltbester Judokämpfer	9783738610123
Weltbester Karatekämpfer	9783738610130
Weltbester Kraftsportler	9783738610147
Weltbester Läufer	9783738610154
Weltbester Radfahrer	9783738610161
Weltbester Inline Skater	9783738610178
Weltbester Skifahrer	9783738610185
Weltbester Snowboarder	9783738610192
Weltbester Sportler	9783738610208
Weltbester Surfer	9783738610215
Weltbester Taucher	9783738610222
Weltbester Tennisspieler	9783738610239

...weitere Titel verfügbar und aktuell in Vorbereitung.

Von Theo von Taane gibt es mehr Witzebücher, Spiele, Kalender, Notizbücher, Tools etc. als hier aufgeführt sind.
Einfach mal im Store nach ‚von Taane' suchen.

Viel Spaß!